AF357138

ORAISON FVNEBRE

POVR L'ANNIVER-
SAIRE DV FEV ROY
HENRY LE GRAND
PRONONCEE EN
L'EGLISE DE SAINCT
Thomas à la Fleche
le 4. Iuin.

Imprimé à la Fleche,

Et se vendent à Paris, Chez FRANÇOIS REZE,
au mont Sainct Hilaire.

——————

M. DC. XI.

POVR L'ANNIVER-
SAIRE DV FEV ROY
HENRY LE GRAND
PRONONCEE EN
L'EGLISE DE SAINCT
THOMAS A LA FLECHE
le 4. Iuin.

I ce present discours aussi tost effa-
cé par les larmes, que sorti de l'e-
sprit & de la plume, est entrecoupé
de regrets, receuez-le, Messieurs,
comme conceu & formé dans vn
cœur tout brisé de douleur. La Frã-
ce durant le grand dueil de ceste annee se presen-
te deuant moy, comme vne chappelle, ou eslambic, qui par ses pleurs monstre le feu d'amour,
qui brusle dás son cœur, enuers le tres-Chrestien
Roy deffunct. Il est vray que la fleur rendant son
eau, & s'espuisant peu a peu desseche a l'aide du
feu: mais la France se resoult en riuiere sans tarir,
sans arrester le courant de ses pleurs. Le temps
mesme quoy que souuerain medecin de nos ennuis & faicheries, n'a peu adoucir ses douleurs,
ni moderer ses regrets. Comment pourroy-je
ouurir la bouche pour parler d'vn si lamentable
subiect, aussi sensible a nos ames, que le iour de sa
triste nouuelle, si ie n'attens le secours, la faueur,
& le courage du Ciel?

A ij

L'antiquité idolatre de foy-mesme, & de quelque ombre de vertu, porta tant d'honneur a vne
couſtume des Perſes, que le temps fit paſſer en
loy, qu'elle en voulut faire part à la poſterité, &
graua ſur les marbres, que perſonne ne fut ſi oſé
de ſe trouuer deuant le Roy, ſans faire quelque
preſent en reconnoiſſance de ſa grandeur & majeſté. Pour preuue de quoy les hiſtoires ont loüé
l'accortiſe d'vn certain vilageois, lequel ſe trouuant ſurpris au milieu d'vne raſe campagne, cou-
rut au riuage du fleuue, & ayant a belles mains
puiſé de l'eau en fit preſent au Roy les deux genoüils en terre.

Ie reçoy volontiers cet Edict, mais i'en con-
troole l'execution. Car comme il eſt ſainctement
neceſſaire de reconnoiſtre la ſouuerainete du
Prince image du tout puiſſant, qui nous fait viure & reſpirer ; auſſi c'eſt ſe flatter & abuſer ſoy-
meſme, d'eſtendre & publier ſolemnellement le
don d'vne eau coulante & paſſagere, comme ſi
nous pouuions eſtre deſpourueus & ſurpris. Il
nous reſte touſiours quelque choſe de meilleur
a offrir. Ie ne pretens parler des biens de ce monde, car nous les tenons, ô grand Roy, de voſtre
main liberale, en toutes les façons nous vous
ſommes acquis. Côme Chreſtiens nous iouiſſons
par vous de noſtre Foy & ſaincte Religion, le titre de protecteur & filz aiſné de l'Egliſe vous eſt
deu. Comme François nous ſommes vos tres-
humbles & tres-fidelles ſeruiteurs & ſubiects.
Comme enroolez en cette Compagnie, vous l'a-
uez fait reuiure par tout voſtre Royaume, & luy
auez rendu le doux air de la France au cœur de la

Turquie. Comme habitans de ce lieu, tout nous
est propre & particulier, nous sommes vos do-
mestiques, & iouïssons de vostre propre maison.

Ha combien de fois le long de cette année les
larmes m'ont coulé des yeux, en repassant les pas
& les desmarches de vostre tendre ieunesse, que
ces bois, ces maisons, & iardins me remettent
tous les iours en memoire. Le present, qu'a toute
heure nous pensions vous offrir, n'est autre que
nostre cœur, peu de chose en effect, mais beaucoup en souhait. Que s'il m'est permis d'emprun-
ter sur ce fait l'opinion des plus sages pour enri-
chir ce present, & luy donner sa plus haute cou-
leur, non toutes fois au parangon des merites, &
faueurs d'vne telle majesté, rien n'en peut appro-
cher: Ils nous apprennent, qu'il n'y a don ne plus
accomply, ne plus conuenable, ne plus aisé a faire
que celuy cy. C'est le plus accompli, car ie veux
bien que quelqu'vn face present au Prince de
deniers en ses affaires, d'vn renfort & gens de
guerre au iour de la bataille, d'vn aduis & conseil
salutaire au milieu des rencontres & dangers;
C'est quelque chose, mais qui luy a sacrifié le
cœur, luy a tout consacré. C'est iustement ce qui
arriua à ce puissant monarque pere de Constan-
tin le grãd, moindre en richesse que son filz, mais
non moindre en courage, lequel possedant le
cœur de ses subiects, qu'il deschargeoit de tailles
& d'imposts, a vne simple requeste de sa part, ils
luy firent present des millions d'or, des armes,
des cheuaux, & de leur propre vie. Les Dames
mesmes pour l'amour de leur Prince, vuiderent
leurs cabinets, & estuis des brillants, des chaisnes

A iij

d'or, des enseignes & pierreries. C'eſt le plus conuenable, car ſi le Prince ne receuoit pour preſent
que les armes, vn grand nombre de ſes plus fidelles ſeruiteurs & ſubiects, qui ne ſe ſont iamais
trouuez au maneſge, pour faire bondir & volti-
ger vn Barbe, qui n'ont iamais endoſſé la cuiraſ-
ſe, iamais n'ont porté le caſque en teſte, le coute-
las au coſté, la lance a l'arreſt, ſeróient priuez des
bonnes graces du Prince, qui toutesfois ſont capables, par leurs ſages conſeils & aduis, de gou-
uerner vn monde. C'eſt le plus aiſé, car ſil n'eſtoit
queſtion de preſenter aux Roys qu'vne bouillan-
te ieuneſſe, la fleur de l'aage, la force, & le courage, cóbien de vieux capitaines, & ſages teſtes, qui
ont autrefois fait trembler tout le monde, ſous le
cliquetis de leurs armes, ſeroyent forclos, & ban-
nis des Louures, & maiſós Royales, pour eſtre de-
uenus eſtropiez au ſeruice de leur maiſtre. D'offrir, & de donner ſon cœur, perſonne ne ſen peut
excuſer, & ne ſen doit diſpéſer, Il ne ſe peut trouuer animal, qui n'ait vn cœur, cóme il ne ſen voit
point, qui en ait deux. Ce ſont chanſons de croire
ce que dit cét Ancien, que les perdrix de Paphla-
gonie euſſent deux cœurs, ou que la victime im-
molée au ſacrifice de Iules Ceſar, n'en eut point.
Et c'eſt peut eſtre, ſans peut eſtre, la raiſon pour
laquelle le Createur de toute choſe, qui recónoiſt
aſſez, quelle eſt l'offráde la plus parfaicte de toutes, veut & ſe contente du cœur *Fili præbe mihi cor
tuum*. Il reſſemble au faucon, qui ne ſe paiſt que
de cœur. D'ou ie conclus, eſtre fort a propos de
donner le meſme au Roy, qui cómme vn Dieu
terrien, regit & gouuerne ſon peuple, *in media*

Deos dijudicat, c'est ainsi que Dieu parle.

Mais quoy, nous auons veu par vne rencontre prodigieuse, & fatal accidét, que le cœur tres-Auguste, & maiestueux nous a denancé, s'est preséré à nous, nous a esté mis en garde entre les mains, par luy mesme, par sa tres-chere espouse, par les Princes du sang, & Seigneurs de la Cour, qui s'en estoiét chargez, & en vn mot par toute la patrie, pour estre depositaires à iamais, de ce sacré gage, & thresor precieux. O Cœur de mon tres-haut, tres-puissant, & tres-chrestien Roy, & souuerain Seigneur HENRY Roy de Fráce, & de Nauarre. Ie m'efforceray de ne le nommer plus, craignác que ce grád nom pronócé de ma langue, & receu en vos oreilles, ne m'oste la parolle, & ne fende vos cœurs. O pédart, o traistre & desloyal, voleur, sacrilege, as-tu esté si malheureux & forcené, de crocheter de ta main parricide, le plus sainct & sacré cabinet, qui fut en l'vniuers, pour en tirer le cœur. Ce n'est de ceste main códuite des Demós, que nous voulons receuoir l'abregé de ce grand monde. Que le foudre messager de l'ire, & coutroux du tres-haut ne t'a-il cósommé? que les Anges protecteurs de cette sacrée personne ne t'ont ils estouffé? que la terre ne t'a-elle abismé? Excusez, messieurs, vne ame sainctemét passiónée, que l'amour, la douleur, & les regrets trásportent au souuenir, & rencótre d'vn si funeste accident. Ce nous estoit vn honneur, & taueur indicible, d'esperer ce thresor; mais nous desiriós viure d'esperáce, & sur l'arrest d'vne saincte promesse, réuoyans les effects d'icelle, iusques aux siecles futurs,

& plus longues années que celles d'vn Neftor,
pour ceux qui viendroient apres nous. Ha nous
l'attendions viuant, & nous le receumes mort,
Que le grand dueil des Princes foit borné d'vne
trifte quarantaine, comme celuy du bon Patriar-
che Iofeph, de l'Empereur Honorius pour feu
fon pere Theodofe le grand, & d'vne infinité qui
fe font contentez de ces periodes du temps. Pour
mon regard i'employeray le refte de mes iours
aux regrets & foufpirs de cet Augufte Cœur,
l'honneur du monde, miracle de nature, chef
d'œuure des mains du tout-puiffant.

Ie me r'appelle à moy mefme, & pour tromper
la douleur i'entretiédray ma pefee en la difpute,
que Philippe Roy des Macedoniés fit vuider en
fa preféce à plufieurs Philofophes, pour decider
& refoudre, qui eftoit le plus grand & parfect au
monde. Les vns viferent a cet Olympe fabuleux,
qui n'eftoit iamais touché de l'efclat du foudre,
ni regardé de fon efclair. Les autres a l'eau ele-
métaire, qui couure la meilleure part de la terre,
combat le feu, & en demeure victorieufe. Les
autres a quelques fuperftitiós payennes, forgées
dans le creux de leur cerueau. Celuy fans contre-
dit l'emporta, qui vifa au cœur de l'homme. Que
dirons nous, Meffieurs, du cœur d'vn Roy de
France, & d'vn Roy incomparable? La nature, dit
ce grand Medecin, ou Dieu pluftoft, comme vn
fage Architecte, luy a donné fon fiege au milieu
du petit monde, tirant vn peu vers la partie fupe-
rieure: le cœur eft le premier mobile, qui fait
rouler les dix, & fi vous croyez fans caution aux
nouueaux Aftrologues, les treize, & quatorze

cieux, qu'il enueloppe. C'est la premiere Intelligence, qui cachée dans le centre de ce grand
rond, luy donne le brasle, & le mouuement, c'est
le Soleil, flambeau du ciel, grand œil de l'vniuers,
paré de sa lueur, & couronné de lumiere. Il est at-
taché, & enchassé au milieu de ses globes, & planettes, comme entre les officiers de sa couronne,
distribuant sagement (pour donner passedroit a
la curiosité des Astrologues) les charges de sa
cour estoillee, & pour parler auec eux, Iupiter
luy sert de Chancelier, & chef de sa iustice, Satur-
ne est son Lieutenant, Mars general de l'armee,
Venus mere des graces, Mercure secretaire d'E-
stat, la Lune messagere de ses volontez. Le reste
des astres & feux du ciel, comme autant de sol-
dats, qui font les corps de garde és diuers cátons
& quartiers de la haut, Cette police ne doit estre
aisément condamnée, puisque Dieu mesme la
reçoit *Adorauit omnem militiam cœli* parlant d'vn
Prince idolatre, qui flechit les genoüils deuant
la gendarmerie du ciel, & adora les estoilles. Ce
cœur celeste & prince des planettes, va par ses
sorties, par ses aproches & retraictes, semant, &
recueillãt les prouisions d'icy bas. L'hóme mesme n'est pas exempt de son ressort, & iurisdictiõ,
sol & Homo generant hominem. Bref le cœur de l'hóme, est le pourtraict de Dieu, qui produict, sou-
stient, & maintiết l'vniuers, & toutes ses parties.
Ie descouure en cecy des rencontres & rapports
merueilleux de la nature, auec nostre subiect. Le
Roy, cœur de son peuple, a son Louure & princi-
pale demeure en la ville capitale du grand corps

de la France, laquelle, comme le cœur de l'Estat,
est plus esleuée vers le Nort, que le milieu du
Royaume. Le Roy & le cœur de cette sacrée personne agit, & meut les diuers corps de l'Estat, qui
enueloppe le peuple, & fait couler sur luy par
diuerses influences, les qualités requises à sa con-
seruation. Le cœur flamboyant de ce grand Roy,
plus esclatant que cet astre lumineux, & premiere intelligence de son Royaume, par les facultez
de l'ame, qui sont autant d'officiers du cœur de
l'homme, comme par ses plus proches & dome-
stiques, depart, & distribue les charges plus loin-
taines de l'Estat, donne les gouuerneurs aux prouinces, crée les officiers de la couronne, establit
les cours souueraines, auec les subalternes, qui
comme huict colomnes, portent, & soustiennent
le sainct & sacré palais de Iustice, ordonne des
bureaux, des finances, & chambres des comptes,
& par ce soin cordial, & prouidence Royale, af-
fermit tout l'Estat. Ses approches, & arriuée sur
la frontiere, chasse les brouillarts, & ombrages
des cerueaux mal timbrez, r'appelle les esprits
reuoltez à leur deuoir, r'asseure les subiects, sa
retraicte laisse le regret de son depart, & desir de
son retour, bref c'est vn Soleil, qui courant son
Zodiaque, seme par tout l'abondance, la paix, &
le repos. Le cœur en nous plus fauorisé du Ciel,
que les autres parties, reçoit le premier le present de la vie, & le dernier le coup de la mort,
s'il vit, tout vit, s'il est blessé, tout est perdu, *quo-*
niam ab ipso mors & vita precedit, le Roy viuant
tout est sus pied, le Roy mourant tout est flaitry:

c'est vn essein d'abeilles, qui combat a outrance,
tant que son Roy est plein de vie, s'il est porté
par terre, on voit en mesme temps les bataillons
rompus, les rangs en confusion, l'armée en de-
sarroy. C'est a mon aduis la raison, pour laquelle
la nature comme mere preuoiate, & pouruoian-
te aux rencontres iournalieres, a ramassé pour
former, & composer le cœur, vne matiere plus
ferme, & l'a sagement assise comme vn donion
dans l'enceinte des os, & des costes, comme de
fortes murailles, & bouclier pour soustenir l'as-
saut, & les efforts des ennemis, *Cordi præcipuus ca-*
lor, palpitat certe, & quasi alterum mouetur animal mu-
nitum costarum, & pectoris muro. C'est le centre du
globe, d'ou sortent les rais, & les lignes, & ou elles sont vnies & assemblées. Ainsi les vertus Royales, & les exploicts Heroïques, les qualitez diui-
nes de ce Monarque incōparable, qui s'espandent
& remplissent la terre, naissent & coulent de cet
auguste cœur, cōme le ruisseau de sa source, & re-
montāt par elles mesmes, iusques a leur origine,
aboutissent en fin au point, d'ou elles estoiét sorties. Mais cōme toute sa vie n'a iamais esté qu'vn
composé de vertus, & qualitez Royales germant
de ce cœur coralin, aussi seroit il necessaire, qu'il
se fit vn presfis des plumes, des langues, & des esprits, pour manier ce subiect. C'est vne carriere
sans barriere, vne mer sans fond, vn Oceā sans ri-
ue, l'étrée de ses merueilles est ouuerte a tout le
mōde, l'issue en est bouchée. Noᵘ auōs veu depuis
quelques années, les lauriers de ces victoires rac-
courcies au petit pied, sur vne fueille d'vn papier

ondoyant, pour plus aifemeut voler & courir par
l'vniuers, lefquelles eftendues a l'efgal de leur
merite, feroient groffir les hiftoires, empliroient
les liures. Ces trois batailles rangées, autant de
victoires, & de triomphes, qui ont orné fon chef,
les trente cinq rencontres, les cent quarante cō-
bats, ou luy mefme en perfonne a manié le cou-
telas, & la lance, les trois cent fieges de ville, ou
de place, ou ce Prince admirable f'eft trouué en
propre perfonne, eftonnent les plus forts efprits,
arreftent la langue, & la plume des plus grands
Orateurs.

Quand ie paffe & repaffe iour & nuict les dangers efpouuentables, qu'il a fi heureufement ef-
chappez, ie me fens abifiné au fond de fes merueilles, ne trouuant ou m'arrefter qu'a ce point,
que la force, & le bonheur luy feruoyent a l'en-
uy, f'eftant fait de fon cœur vn commun cabinet.
Le feul iour de Fontaine Françoife, eft plus que
fuffifant pour perpetuer fa memoire a iamais.
Les ennemis, que la douceur de la paix qualifie
maintenant d'autres titres, pleins d'ardeur, & de
courage, deuoyent enuelopper & enfeuelir fa
fortune, & fes armes, fi nous auons efgard a leur
puiffante armee, compofée de tant de milliers de
braues Capitaines, & genfdarmes, & a vne poi-
gnée de noftre nobleffe Françoife, qu'on n'euft
pas creu pouuoir fouftenir le premier effort:
mais le Roy comme vn brandon ardant, comme
vn efclat du foudre, qui fond dans l'Ocean, &
remōte vers le Ciel, combat, chamaille, renuerfe
tout ce qu'il rencontre. La France le perdit pour

peu d'heures, demeurant inconnu, ſous la greſle
des baſles & des coups: mais ſe leuant en fin il re-
tourne victorieux, couuert de poudre, couronné
de victoire, & d'honneur. Teſmoing de cette
meſme valeur, le quatorzieſme de Mars de quatre vingt & dix, iour de la bataille d'Iury, aſſeurâce
de ſon regne, bonheur des François, & la clef de
la paix, en laquelle auât le ſignal, il fit office d'vn
General d'armee, animant ſes ſoldats au combat,
& au ſon des trompettes, deuint vn caualier, &
gendarme, allant des premiers a la charge, & aux
coups. Si Dieu par vn ſecret iugement permit
qu'il fur porté par terre, parmy ces tonnerres &
foudres d'vne guerre ſanglante, en danger d'en-
ſeuelir auec ſoy tant les victoires paſſées, que l'eſ-
perance des futures: Ce fut pour teſmoigner
ſon courage, & la fidelité de la nobleſſe Françoi-
ſe, qui au peril de ſa vie, nous conſerua le Roy.
Teſmoing le Limoſin, la Sauoye, la Bretaigne,
Amiens, Sedan, ou les forces ennemies fondoyêt
a l'arriuée de ce Mars François, comme la neige
tombée a gros floccons pendant la fraiſcheur de
la nuict, ſe reſoult aux rayons d'vn ſoleil mati-
nier. Ses deſſeins & reſolutiôs guerrieres effraie-
rent ſes ennemis, auât qu'il ſortiſt de ſon Louure,
il vainquit auant qu'eſtre au lieu du combat, plus
heureux, & fortuné que ce valeureux Romain, à
qui ſeul durant le cours de l'antiquité, fut permis de dire *veni, vidi, vici,* vrayment vn foudre en
guerre, en paix vn printemps gracieux, ou pour
parler ſainctement, vn Dauid au combat, vn Salomon en triomphe, forceant par vne douce ne-

cessité, les villes de son Esta , a sauourer la paix,
de laquelle les troubles de tãt d'années nous fai-
soiët perdre le goust, & la memoire, aussi n'a il iamais pris les armes, que pour produire la paix, ni
desuni la ligue, que pour vnir son peuple, niuisé de
rigueur, que pour asseoir sa clemence & douceur.
   Ce sont les deux principales qualités d'vn Prince, & Roy tres-Chrestien, entées sur les deux
oreilles de son cœur, combien que la Clemence
seit logée à la droicte, & tient le dessus. Car comme ainsi soit, que les Roys ça bas en terre, soient
les viues images de Dieu regnant au Ciel, lequel
d'vn abisme de perfections, qui esclattét en luy,
n'a choisi que la misericorde pour marque de sa
diuinité, elle nage sur le reste de ses œuures, *mise-*
rationes eius super omnia opera eius ; Aussi est-il bien à
propos, que les Roys se moulent, & forment à
l'instar de ce premier Monarque, & Seigneur souuerain: Et cest, Messieurs, pour parler franchemét,
ce qui m'estonne, & rauit dauátage rappellant le
cours de la vie du feu Roy, que Dieu absolue. Sa
personne n'a esté qu'vn composé de merueilles,
mais la clemence estoit l'esmail de ses Royales
vertus. Ce n'est rien de nouueau, que les Salo-
mons, les Theodoses, Arcades, Louis les debon-
naires, & autres semblables ayent cheri la douceur, & clemence, ils estoient nais en profonde
paix, nourris & esleuez dans le calme d'vn repos
public, mais de trouuer vn Prince, qui dés ses
premiers ans, humoit autãt de fumée des canõs,
qu'il tiroit de laict de la mamelle, qui se couchoit
& leuoit au son des trompettes & tambours, aux

cliquetis des armes, qui n'entédoit, qui ne voioit
que sang, que meurtre, que massacre, soit reuestu
de cleméce, il faut bien dire que cette ame Royale n'estoit de mesme calibre, que le reste des hó-
mes, qu'il y auoit dans ce cœur quelque chose de
diuin: on luy a souuent ouy protester, que nóob-
stant les impressiós sanguinaires, que le malheur
du téps burinoit en l'ame des François, iamais de
sang froid il n'a versé le sang, estát plus prest a dó-
ner le pardon, que le delinquant a le demander.

Tát qu'vn seul de la robe, que ie porte, par vne
grace & faueur speciale de Dieu viura en ce Royaume; (i'espere que ce sera a iamais, pour le serui-
ce du public) il preschera sa douceur & cleméce.
Car pour dire ce mot en passát, quoy que cet ordre estédu (puis qu'il plaist a la diuine bóté) quasi
par tout le móde, soit du tont innocét des noires
& atroces calomnies, forgées dans le creux des a-
bismes, & iettées a l'aide du téps, & des troubles
passés, contre des pauures Religieux, pour estouf-
fer l'innocence, & opprimer la vertu: si est-ce que
le feu Roy ayát esté dés le berceau, nourri & esle-
ué en la haine de ce corps, c'est merueille qu'il ne
la pas cognea, qu'il ne l'ait embrassé : marquant
par la les traicts de sa cleméce, qui ne vouloit co-
gnoistre les merites, & la vertu, que pour aimer &
bien-faire. O Roys, que la coustume des anciens
Persans vous est vtile, & necessaire, d'auoir tousiours proche de vos persónes, quelq. vertueux &
signalé personnage, qualifié du mesme titre, qu'il
estoit lors *oculus Regis Persarū*, lequel vo⁹ informe
sás passió des affaires, & du merite de vos subjets.

Combien qu'il est a craindre que parmi ces fumées & brouillarts d'ambition, ce mesme œil
n'ait la prunelle chargée d'vne taie d'interest , &
animosité particuliere, qui luy face mescognoi-
stre & desguiser la verité. Tant y a (Messieurs)
qu'aussi long temps que nous iouirons de la lumiere du iour, nous viurons, nous respirerons
par HENRY LE GRAND , le plus valeureux
& debonnaire Prince, que la terre porta iamais.
Ceste Princesse, qui ces annees passees gouuernoit l'Angleterre , souloit tenir tels ou semblables propos : Si le Roy de France mon frere se
trouue bien de sa Clemence , aussi fay-je de ma
iustice. Elle eut mieux fait pour soy & pour les
siens, d'apprendre, & tirer vn drageon de cette
plante Royale, pour mettre au milieu de ses conseils. Et a la mienne volonté que les Roys, & Po-
tentats de la terre, contemplassent des yeux de
l'ame , & pratiquassent par œuures, les conseils
& aduis que ce Prince debonnaire a tracé tout le
cours de sa vie. Encore les maisons particulieres
trouueroient dequoy glanner apres eux , pour
ietter parmy les familles priuées ceste graine
d'vnió, & de douceur. Ie ne puis passer outre, qne
ie ne touche en passant l'eternelle amnistie des
iniures passées, le pardon general & abolition de
tous crimes & forfaits, pour faire regner vne paix
asseurée. Ie dis vne profonde oubliance : Car c'est
chose quasi prodigieuse, & pour trancher ce mot,
ressentant la diuinité, d'auoir ce commádement,
& pouuoir absolu sur soymesme, que d'arracher,
de vuider de sa memoire non seulement les gros-
ses &

tes & maistresses racines, mais aussi les plus petits
& menus filets d'aigreur, & d'amertume, qui
pour l'ordinaire a guise de chiendent pullulent
apres l'accord, & rallument la guerre. Mais tant
s'en faut, que ce grand Roy nourrist dans son ame
vn esprit de vengeance, qu'au contraire il traçoit
iournellement en son cœur vn vif pourtrait de
douceur & d'amour, non seulement enuers son
peuple bien aymé, mais aussi enuers les ennemis
de sa personne, & de l'Estat. Tesmoing le premier
chef de sa priere, qui est le dernier point & som-
met de la Clemence, & charité chrestienne, qu'il
pleust a Dieu leur changer le cœur, & faire misericorde: d'ou procedoit, que si par mauuaise rencontre on laschoit en sa presence quelque mot
au desauantage d'vne de ses Prouinces, il tiroit
aussi tost du cabinet de sa memoire le correctif
du mal, iamais (ie le tiens de ceux qui s'appro-
choyent le plus pres de sa personne) il ne print
plaisir d'ouïr mesdire de ses subiects, qui toutesfois sont les propos communs, & entretiens ordi-
naires des grands. Que ressent le grand Edict des
duels, condamnant sainctement ces execrables
boucheries, & combats a outrace, ou la noblesse
Françoise faisoit trophée de se couper la gorge
pour fondre sans esperace de retour au profond
des Enfers, sinon prescher le feu d'amour, qui al-
lumoit son cœur au bien de ses subiects ? lequel
estant inuiolablement obserué, comme tous le
doiuent desirer, la France se rendra a iamais in-
uincible.

Ces deux aisles & oreilles du cœur seruans de

fiege a la valeur & Clemēce portoyent vne riche
Couronne de pieté & Religion, dorée du fin or
de Charité, embellie de pierreries, d'vn faphir
d'Efperáce, qui ne refpire que le Ciel, d'vne efme-
raude de la foy, dans laquelle il contemploit non
pas le combat des Gladiateurs, comme vn cruel
Neron, mais les myfteres de la Religió Chreftié-
ne, du Rubis de courage, & feruuet és fainctes entreprifes, du Diamant de Force & de Conftáce,
d'vne enfeigne cōpofée des brillárs de toutes les
vertus i eglées par vne prudence diuine, & zele ar-
dent au feruice de Dieu. Ie les nōmme, par ce que
ie les vois toutes rágees d'vn fingulier artifice fur
la Couronne de fon cœur, ou elles efclattēt comme les feux du Ciel: quoy que ie fois refolu de ne
rendre ce qui eft deu a leur merite, la vie eft trop
courté pour en parler comme il faut. Ce qui bril-
le danantage & arrefte ma penfée, c'eft le zele ar-
dent a noftre S. Foy, laquelle il a aimée & cherie
a mefure qu'il la congneüe, ce feu diuin agiffant
en fon ame luy a faict employer le credit, qu'il
auoit enuers le grãd Seigneur, pour arborer, en la
nouuelle Rome capitale de l'Epire d'oriēt, les trophées de la Croix par des pauures Religieux fes
tref-humbles, tref-obeiffants, tref-fideles ferui-
teurs & fubiects: Se rendant par ces exploicts he-
roiques non tát heritier du regne de S. Louis fon
ayeul, que de fes Chreftiénes & Royales vertus.
On a veu & ouy fouuēt fortir de fa bouche, qu'il
eftoit preft de dōner vn œil & vn bras, fi par cette perte il pouuoit deffiller les yeux aux deuoiés
de ce temps. On lit du Roy François premier vn

trait, non pas efgal, mais qui approche de ceftui-
cy, & l'vn & l'autre eft marque de la Foy, & pieté
d'vn Roy tres-Chreftien, du filz aifné de l'Eglife,
du bien-aymé & fauory de Dieu. Et pour con-
clurre en vn mot, cōbien de fois a il prefenté au
S. fiege fes fináces, fes forces, fa perfōne, & fa vie?
   La fageffe, & prudence, qui doit feruir de guide
& de flambeau à toutes nos actions, tenoit les
refnes de fes grandes entreprifes, d'ou viét qu'elles n'ont iamais efté vaines, toufiours heureufement conduictes a chef. Ce qui auoit tellement
porté, & refpandu fon nom par l'vniuers, que les
Princes eftrangers fe fentoyent bien-heureux, de
mettre leurs differents entre fes mains, pour en
paffer par fon aduis, & arbitrage, qu'ils hono-
roient comme vn S. arreft, & oracle facré. Sou-
uenons nous de l'affaire du S. Pere, auec les Veni-
tiens, qu'il termifta auec tant d'heur, de douceur,
& fageffe, que l'vn & l'autre parti poferent les armes, qui eftoient pour metre toute la Chreftien-
té en combuftion, & viuent encore pour le iour-
d'huy en bonne intelligence. Il eftoit monté au
gouuernail de cette monarchie, que la fucceffion
legitime luy prefentoit. par tant de dangers, &
perils de fa vie, defquels Dieu l'auoit miraculeu-
fement preferué, qu'ils eftoyent fuffifans pour
brifer vn coūrage de brōze; mais ces hazards, cō-
tre les deffeins des mortels, l'ont rendu redouta-
ble aux eftrangers, aymable aux fiens, admirable
a tout le monde. Nous l'euffions veu le refte de
fes iours, foyant fur fon lict de Iuftice, comme ar-
bitre du monde. Sa cheuelure blanchiffante, cou-
ronnée des guirlādes de fes trauaux incroiables,

alloit de iour en iour enseueliſſant la renommée,
& les vertus des monarques paſſez, la valeur des
Alexandres, la fortune des Ceſars, le courage des
Scipiõs, l'equité & iuſtice des Traians, la douceur,
& clemence des Tites, la ſageſſe des Conſtantins,
la pieté des Theodoſes. Et ie ne craindray point,
Meſſieurs, d'auancer ce qui ne peut eſtre que bié
receu de vous, que le regne du feu Roy, me ſẽble
vn compoſé des armes de Dauid, & de la paix de
Salomon, ſes combats & victoires reſſemblẽt au
premier; le calme & le repos, au ſecond ; mais en
cela toutefois, plus heureux que le premier, qui
n'eut autre grace, & faueur de la diuine maieſté
que de preparer les matieres du temple: ou le feu
Roy a fait ſurgir de ſon tẽps les murs de S. Louis,
& veu les vrnes, & les marbres en œuure, qu'il de-
ſtinoit pour le ſacré domicile de ſon Auguſte
cœur. Et a la mienne volonté qu'aux deſpens de
mes ans, elles ne deuſſent ſeruir de nos iours. Il
rapporte au ſecond, en la plus belle fleur de ſon
ame. C'eſt, Meſſieurs, en la requeſte que ce ſage
Prince preſẽta dés l'ẽtrée de ſõ regne a ſon Createur, ſi plaiſante a ſes yeux, que ni le tẽps pére de
l'oubliance, ni les guerres ſanglantes, & ciuiles, ni
le ſac de la ſaincte Hieruſalẽ, n'ont peu effacer de
la memoire des hõmes, Demãde ſi ſaincte, ſi ſage,
ſi diuine, que les memoires & caiers du S. Eſprit,
en ont eſté chargez, *dabis ergo*, concluſion de la requeſte, *ſerua tuo cor docile, vt populũ tuũ iudicare poſſit.*
Et en la Sapience 9. *da mihi ſedium tuarũ aſſiſtricem
ſapientiam.* Croyez vous, Meſſieurs, que c'eſtoit la
priere ordinaire du feu Roy. Ie vous diſois tãtoſt,
que le premier chef de la requeſte qu'il preſẽtoit

a Dieu, côtenoit, le pardon de ses propres ennemis, alleguant en discours familiers, que si la na-
-ture, & l'education, en desiroiét le mal & la vengeance, la grace & l'instruction des gens de bien,
l'auoiét appris a cherir la personne, & persecuter
le vice. Le second chef estoit, vne tres-humble requeste, partant du plus profond de son cœur, ar-
rosée des ruisseaux de ses larmes, accompaignée
de sanglots, & regrets, qu'il pleust à Dieu estain-
dre, ou pour le moins rabattre l'ardeur, que la li-
berté de la guerre auoit fortifié en sa chair, côtre
l'esprit, & la raison; Se souuenant du mot de Sa-
-lomon: *Sciebã quia non poteram esse continens, nisi tu dõ-*
disses. Le troisiesme ne portoit, que les paroles cy
dessus alleguées, dignes de la personne & de l'ame
du feu Roy Vn cœur bouffi d'orgueil, disoit cet
Ancien, se fait reuestir de foudre, de tonnerre,
& autres marques de ces diuinitez payénes, mais
vn Roy tres-Chrestien, reconnoist vn maistre la
haut, & releue d'vn Seigneur souuerain, qui des-
-part sagemét les Empires d'icy bas, ainsi que bon
luy semble, & se voyát honoré comme Roy, par
son peuple, se reconnoist mortel. Les vœus & les
souhaits de ces deux monarques, si semblables
entre eux, ont fait que le regne de l'vn, fut l'image & le pourtraict de l'autre, au moins depuis le
temps de la paix: car les artilleries, & boulets, les
munitions de guerre, qui depuis ont esté tirées
des arsenacs & magasins d'armes, les trompettes,
qui animent au combat, & a la charge le iour de
la bataille, n'ont esté que monstres, passetemps,
& marque de victoire, & de triomphe: Ou tout
au plus, ont donné l'espouuante a ceux qui se

mettoyent en danger de ſentir ſon pouuoir, &
courroux, ſils euſſent meſpriſé ſa clemence.

Vous plairoit il, Meſſieurs, pour gouſter ce calme & repos, rappeller la ſouuenance de quelque
furieuſe tẽpeſte, eſmeüe par le conflict des vents,
qui ſe donnent carriere, ſur les plaines, & larges
campaignes de l'Ocean? Il en deuiẽt courroucé,
les ondes ſe mutinent, & choquent viuement:
Voicy vn miracle de nature, que l'Alcyon porte-
paix, face prouiſion de buchettes, pour dreſſer ſa
petite cabane, il en ierte les fondariõs ſur le bord
de la mer. Ce grand Dieu tout-puiſſant, s'abaiſſe
iuſques là, de le prendre en ſa ſauuegarde, & protection, fait mettre les armes bas, a ces ſouffles
mutins——————————— *atque aura ſuperſtes*
                   Immoritur velo.

Ils ſe vont cacher, & mourir dãs les voiles d'vn
vaiſſeau a demy eſchoué, il ferme ce grand Oceã
a clef de peur, que s'eſtendant plus loing, il ne ré-
uerſe l'ouurage de ce petit architecte. Les quinze
iours paſſez, que la nature luy donne, pour perpetuer ſa race, & peupler le monde de ſa poſterité, il s'enuole, conduiſant ſes petits: En meſme
temps les parties ſont remiſes en leur droict, la
guerre ouuerte comme deuant. Il ni a perſonne,
qui n'ait ſenti l'orage du temps, la furie des guerres ciuiles, & la rigueur de deux partis formez. La
France eſtoit le theatre de ces ſanglantes trage-
dies, & cataſtrophes, ſes plaines ſeruoyẽt de chãp
de bataille, iuſques à l'arriuée de ce diuin Alcyõ,
ces quinze iours ont eſté changez en vne quin-
zaine d'années, de paix que nous trouuons bien
courtes, & i'euſſe craint de rechef les furieux cõ-

bats, si le pere en s'enuolât vers le Ciel, n'eust laiſſé icy bas vn petit Alcyon, pour y tenir ſa place.

O mort impitoyable! tes approches, & ta rencontre m'effrayent: ô Parque cruelle, qui marche
ſur la terre, eſgalant d'vn coup de pied, les hautes
tours des Roys, aux cabanes des paſtres! qui atta-
que auſſi toſt, ſãs eſgard, & regard, les Seigneurs
de merite, & les Monarques du monde, qu'vn
ſoldat de fortune, & ſentinelle perdu! Eſtois-tu ſi
enuieuſe de la valeur de ce Prince? d'arreſter le
cours de ſon bonheur, en ſa plus belle fleur, au
plus beau iour de ſa vie? ne l'oſant regarder en
face, tu le prends en traiſtre, au milieu de ſa Cour,
dans ſa ville capitale, ſur ſon Char triomphant.
Car deſormais, autant de iours de ſa vie, euſſent
eſté autant de feſtes, triomphes, & trophées. Le
ſang me gele dans les veines. Le cœur me glace
au ſeul ſouuenir d'vn ſi cruel attentat. Et quoy?
Eſt ce la fin, ou vont en fin aboutir les grandeurs,
les monarchies, les ſouuerainetez d'icy bas? O
gages du temps, & depoſts de la terre! Captiuez-
vous ainſi les eſprits des humains, pour leur rauir
d'vn coup, ce qu'ils ont d) plus cher en ce mõde?
Et vous, Meſſieurs, preſés a cette heure fremiſſã-
te, qui fuſtes empourprez du ſang de voſtre maiſtre, qui humaſtes cet eſprit Royal, & derniers
ſouſpirs du Roy, & Pere des Frãçois, vous euſſiez
preſenté la poictrine, & le cœur, pour receuoir le
coup, & ſauuer ſa perſonne; Dieu vous a reſeruez
en cet extreme malheur, pour preuue de voſtre
fidelité, que vous auez vouée au biẽ de cet eſtat:
Ie vous ſouhaitte pour ce dernier office, mille
benedictions, vn renfort de courage pour le ſer-

uice du Roy, de la Royne regente, & de toute la
Couronne.

Ie me sens arresté, & requis de satisfaire à la iuste demande de ceux, que ie connois noyez dans
leuts ennuis, depuis cet execrable forfait. Comment? Dieu permet il que la mort nous rauisse de
cette sorte, le Prince qui ne máqua iamais qu'en
excés de douceur, & debónaireté? messieurs, quád
i'entre dans cet abisme des secrets du grád Dieu,
il ne se presente autre chose deuant moy, que ce
mot du sage qui me ferme la bouche, *Iudicia Dei,*
pōdus & statera, les iugemens de Dieu ne sont que
poids & baláce. C'est tout ainsi que s'il estoit que-
stió de decider vne affaire d'Estat, au cóseil priué,
ou en quelque Cour souueraine, les aduis passent
par tant de sages testes, & cerueaux bien timbrez,
qu'il n'é peut reussir qu'vn S. Arrest. Les vns sont
d'vne humeur propre & colerique, l'ascendant en
ceux cy est la melancolie, és autres l'humeur pre-
dominate est le ság ou le flegme, & en cet alliage
de si differentes qualités, & cóplexions, l'vne cor-
rige & detrēpe l'autre, & en fin se fait vn excellēt
cóposé. Dieu, dit le sage, en fait de mesme au gou
uernemét, & conduicte du móde, *Iudicia Dei pōdus*
& statera. Il poise les voix, il ne les conte pas, il as-
semble, dit S. Iean en l'Apocalypse, *viginti quatuor*
seniores, vingt & quatre Cóseillers d'Estat. Et voyát
que les iniquitez & offenses du peuple, font pan-
cher le tresbuchet, *pondus & statera:* Ie te chastie-
ray, dit Dieu, i'enleueray ton Soleil terrien, pour
le mettre en mon Ciel, à luy l'hóneur & recópen-
se, sur toy cherront les boüillons de mon ire, &
courroux. Et c'est ce que i'ay tousiours craint en

ce funeste accidēt. Car pour ce qui le cōcerne, ie
le tiēs bienheureux, esperant qu'il iouist du bien
que les merites de sa vie si chrestiennemēt passée
depuis sa cōuersion luy ont acquis. Mais i'ay tousiours redouté, que nos ingratitudes ne forceassēt
la diuine iustice à vn iuste & rigoureux chastimēt.
Si vous prenez plaifir à ceste resolution, ie vous
prie d'en apprendre l'esclaircissemēt, du grand S.
Augustin, par deux similitudes familieres. Vous
les receurez auec honneur & respect, cōme tom-
bant de sa bouche & de sa plume. Contemplez,
dit ce Docteur, vn excellent ouurage, vn beau &
riche paué fait a la Mosaïque, l'art qui s'estudie de
representer la nature, requiert vne certaine sym-
metrie, & proportiō entre les pieces rapportées,
les vnes sont taillées en pointe de Diamāt, les autres en oualle, les autres en heptagone & diuerses
figures: Si vous les faictes esgalles en grādeur, vo⁹
en oftez la beauté: de mesme le grād ouurage du
mōde, est cōposé de pieces rapportées, qui sōt au-
tāt d'effects de la diuine prouidēce, Architecte de
l'vniuers, qui n'ouure les yeux qu'au merite d'vn
seul, sequestrāt tous les autres. pourquoy, dira-il,
ce Prince est-il raui au tēps qu'il rēplissoit le mōde de bonheur, & de bien? Mais qui iettera sa pē-
sée sur la lōgue processiō des creatures mortelles
& corruptibles, qui passent en leur rang, dés, &
depuis la creation du monde, sous l'estédüe de la
diuine Prouidence, sera forcé de dire, que *indicia
Dei pōdus & statera*: l'ordre establi par son eternelle sagesse, requiert, q̄ l'vn viue plus, l'autre moins,
sans faire tort a personne. Ce mesme Docteur
nous fait present de la seconde, plus basse que la

premiere, mais propre pour estre seruie a la ieunesse, qui manie les liures, ie la touche en vn
mot. La beauté d'vnvers ne gist pas en la lógueur
des syllabes, les courtes y ont leur bonne part; &
la grace de l'Elegie, c'est d'estre courte, & boiteu-
se d'vne iambe. Dictes le mesme de la vie des hô-
mes, & des grands, ramassée & prisée, non pas a
part, & selon les merites d'vn chacun, mais con-
ioinctement a son tout. Ce qui nous doit conso-
ler en nostre extréme malheur, est: l'esperáce de
son bôheur. Et pour laisser a part les marques de
sa felicité, maniées par les plus grands esprits de
nostre siecle, & tracées sur le papier, par les plus
belles plumes de ce temps, ie me contenteray
d'emprûter vn petit mot, des archiues sacrées du
S. Esprit, pour tistre mon discours, *nemo rapiet eas
de manu mea* en S. Iean ch. 10. ou ie reconnois,
qu'il est parlé des esleuz, sous les nom des brebis,
& oüailles, qui estans en ses mains, c'est a dire, en
sa sauuegarde, & protection, ne peuuent estre tirées d'vn asyle si sainct, & asseuré, quand bien
l'Enfer desbandé sortiroit de ses abismes en bataille. Ie prendray pour adioinct a cette premiere
maxime, vn autre mot du Prophete, *cor Regis in
manu Domini* : Et les ayant mariés ensemble, pour
faire vn parfait composé, ie diray que les ames de
vos esleuz, o grand Dieu, protegées de vostre
main viuent en asseurance, celle du Roy de France
ce est plus soigneusemét gardée. Il me sêble, messieurs, que Dieu la veut marquer en ce lieu, ne di-
sât pas *corda Regû* par vn diuin secret, mais *cor Regis*,
le cœur du Roy. N'auez vous pas remarqué, que
l'Eglise disant le Roy sans adioinct, entend & par-

le du Roy de Fráce. Adiouſtez à cecy, le precipu
& aduantage du Roy deffunct, par deſſus tous les
autres, qui l'auoient deuácé en cette monarchie.
Les hazards eſchappez, la vie diuinement preſer-
uée, la conduicte par vne Iliade de dangers du
berceau iuſques à ſó tombeau, vn courage innin-
cible, le comble de perfection, & de l'ame, & du
corps, qui l'ont fait reconoiſtre vn chef d'œuure
de nature. Paſſes aux benedictiós de la grace, ſon
admirable cóuerſió, ſes larmes, ſes ſaincts deſirs;
& vne infinité de traicts & de marques d'vne ſin-
guliere prouidence de Dieu ſur ſa perſonne, ſans
jamais l'auoir abandonné d'vn ſeul pas. Permet-
trés vous, Seigneur, apres tant de faueurs de nature, & de grace, qu'vn auorton d'Enfer, le rauiſ-
ſe du Ciel, l'emporte de vos mains, l'arrache de
voſtre ſein? *Cor Regis in manu Domini.*

l'euſſe ſeulement deſiré, qu'auát de nous quit-
ter, il euſt eu le pouuoir de prononcer trois mots,
nous les euſſions ramaſſez, & recueillis comme
autant de perles, & ioyaux, pour les enchaſſer au
plus profond de noſtre ame: Il me ſemble toutefois, voir cet auguſte Cœur, palpitant dans ſon
corps, commander a la langue d'ourdir les remó-
ſtrances d'vn Roy tres-Chreſtien, la voix man-
quant, il emprunte de celuy, duquel il a ſuiuy les
traces, ce qu'il addreſſe à ſon filz, *Si ergo delectamini*
ſedibus, & ſceptris, ô Reges diligite ſapientiam, vt in per-
petuum regnetis: Mes chers enfans, qui me ſuccedés
au gouuernemét de cette monarchie, voulez-vo⁹
affermir vos ſceptres, & vos couronnes, cheriſſez
la ſageſſe, courtiſez cette Dame, faictes luy l'a-
mour dés voſtre tendre ieuneſſe, *vt in perpetuum*

regnetis,a fin que voſtre lignée ne finiſſe iamais. A
l'aage de 9. ans ie me trouuay ſans Pere, ie vous
laiſſe an meſme tēps, plus heureux,mieux inſtruit
& aſſiſté que ie n'eſtois, *veniēt ſibi omnia bona cū illa.*
Mon tres-cher filz, Dauphin de France,durāt ma
vie, & Roy tres-Chreſtié apres ma mort,ie n'emporte ni finances,ni plaiſirs,ni hōneurs de ce mōde,ce ne ſōt que fumées,que le ſouffle de la mort
diſſipe,& fait eſuanoüir,ſeruez,aymez, honorez
la ſageſſe:ce faiſant vo us ſuiurez mes traces,vous
regnerez ça bas,& me lairrez en repos. Ainſi l'a-
me ſenuole au Ciel,le corps demeure en terre,le
Cœur nous eſt laiſſé pour ſubiect de nos larmes,
& regrets le reſte de nos iours.

Ce diſcours briſé par vne mort ſi ſoudaine, me
iette plus auanr,& me remet en memoire le dire
d'vn Philoſophe, que la ſageſſe doit eſtre la baſe,
& le pied d'eſtail des plus floriſſans Eſtats. Si la
colomne aſſiſe ſur ſa baſe eſt droicte, tant plus
vous la chargez, vous la rendez plus ferme, elle
ſouſtiendroit le Ciel: Si vous la faictes pācher,elle
tire auec ſoy, elle fait eſcouler les plus ſuperbes
edifices. Remarquez ie vous prie vn ſecret en la
langue Hebraïque,l'vn des noms,qui ſignifie plus
proprement le Prince.ceſt *Adon* & *Adanim*,d'ou
eſt tiré, ſelon l'aduis de pluſieurs doctes perſon-
nages,le mot latin *Dominus & Domini*,par l'inter-
poſition de quelques lettres. Le meſme nom , ni
changeant que les poincts adeca, *Adanim* ſignifie la baſe & le fondement, pour nous apprendre,
dre,que le Roy, qui ſert de ſouſtien, & de baſe á
l'Eſtar, fil eſt compoſé de ſageſſe colomne & ſup-
port des Royaumes,affermiſt ſa monarchie,& de

la mefme eft forti le nom *Adonai*, par la feule let-
tre *iod* adiouftée au nom fufdit, qui conuient feu-
lement a la fageffe incréée, priuatiuement a tout
autre. Ce cœur me rappelle & me rend foucieux
du lieu de fon repos, les Maufolées de Carie, &
d'Egypte, les mottes d'Adrian, les colomnes des
Traiãs & Antonins, les fepulchres de Semiramis,
d'Antonius & autres, quoy que reueftus de marbre & de iafpe, remplis d'or & d'argent, ne font
capables d'vn fi riche threfor. I'éprunterois pluftoft l'œuure fuperbe & magnifique du fage Salo-
mõ, pourtrait de noftre bon Roy, lequel inftruit
par la raifon & experiẽce iournaliere, & par l'arreft du tres haut, que la mort mõtée fur fon che-
ual, ne pardonne non plus aux grands Roys &
Seigneurs, qu'aux enfans du berceau, *ftatutum eft
omnibus hominibus femel mori*, fift faire vn grand edi-
fice pour loger les os de fon Seigneur & pere,
pour les fiens, & pour les Roys qui regneroient
apres luy. Le deffein & l'alignement en fut pris
fous vn grand Roc de marbre vouté, & taillé à la
naturelle, la main & le cifeau de l'Artifã ni auoyẽt
point paffé, la deffoubs il fift foüir trois caueaux,
eftroicts d'entrée, mais f'euafant au milieu; le premier portoit la feruitude, pour paffer au fecond,
& de la au troifiefme plus augufte & retiré que
les autres. Mais comme fa pensée n'auançoit vn
feul pas, que cõduicte par le flãbeau de la fageffe,
le nombre des petites logettes pour receuoir ces
grands Roys, ne fut pas fans myftere: Au fond de
cette riche cauerne, il defigna luy mefme trois
petits cabinets, pour clorre & renfermer les cen-
dres de fon pere, les fiennes propres, & celles de

fon filz. En la grotte du milieu, se cōptoient dix-
huict niches, pour tout autant de Roys, qui outre
les trois premiers, regnerēt en la Iudée, iusques a
Sedecias, dernier fleuron de cette tigē Royale. Et
la à pleine main versa les grāds threfors amaſſez
par ſon pere, & ceux que chaque iour la terre vo-
miſſoit de ſes entrailles, pour honorer & embel-
lir ſa cour. L'vn des plus fidelles hiſtoriens rapporte, que treize cens ans apres le decez du Roy
Dauid, Hircanus grand Preſtre des Iuifs, preſſé de
l'armée d'Antiochus, ouurit le sepulchre de ce
bon Roy, auec plus d'heur & de profit, que cet
autre auaritieux celuy de Semiramis, & en tira
vne grande quantité d'or, & d'argent, qui eualüé
à noſtre monnoye, faiſoit plus de quarāte & quatre milliōs d'or, on ne le croiroit pas, & les preſētā
au general de l'armée, pour faire leuer le ſiege de
denant la ville de Hieruſalē. Mais encore diray ie
que toutes ces richeſſes, ne ſont pas baſtātes pour
honorer ce cœur: *Conſiderate lilia agri, quoniam nec*
Salomon in omni gloria ſua veſtitus eſt, ſicut vnū ex iſtis.
La verité meſme nous seruira de garād, les lis des
chāps paſſent de beaucoup, la gloire, la majeſté,
& la magnificence du regne de Solomon: Si Dieu
dit vray des lis terriens, & champeſtres, que diſōs
nous des lis de France fleuris au Ciel, cueillis &
portés de la hault, par la main d'vn Ange? le tēps
me preſſe, dechiffrés en les raiſōs à loiſir. Ou dōc
(Meſſieurs) ce cœur diuin prendra il son repos?
ſoubs terre, dās quelque cauerne tenebreuſe, qui
nous face fremir? non, non Meſſieurs, il luy faut
vn tombeau viuant & reſpirāt? Et tant qu'vn ſeul
de ceſte cōpagnie ſera ſur terre, il repoſera, il vi-

ùra en noſtre cœur, il logera en noſtre memoire.
Quant à celuy que l'architecte dreſſe & prepare,
il faut qu'il ſoit au iour, comme vn autre Traiã, à
qui le peuple Romain baſtit vn ſepulchre au milieu d'vne place, ou ce bon Empereur, repoſant
comme en ſon lict de Iuſtice, verifioit ſes Edicts,
gouuernoit les prouinces, protegeoit ſõ peuple.
Il faut qu'il ſoit en la veüe d'vn chacũ, releué dãs
le ſainct & ſacré temple de Dieu, auec lequel ſon
ame regne au Ciel, & qu'on diſe en entrant, voila
le cœur du grand HENRY, Henry l'heureux, Hẽ-
ry le vaillant, Henry le courageux, Henry le ſage,
Henry le debonnaire: Voyla le cœur du pere des
François, du protecteur des innocés, du premier
monarque du môde: Voyla le cœur de la France,
qui repoſe en ce lieu, qu'il a choiſi luy meſme,
pour ſeruir de ſauuegarde aux bons, de bouclier
aux innocens, de peur & d'eſpouuante aux meſ-
chãts. Ce grand threſor, plus riche qu'vn million
de môdes, acquiert ſur tout cet ordre, & ſur nous
en particulier, depoſitaires de ce cœur tres-Au-
guſte, vne eternelle obligation, qui me fait har-
diment, & du profond du cœur, proteſter en ce
lieu, *prius hoc caput*, comme diſoit cet Ancien: Et ce
dautant plus volontiers, que le chef & la bouche
de cette compagnie, parlant au nom de tous, le
veut, le dict, & ratifie de ſa plume, que par vne
tres-humble reconnoiſſance de ſes ineſtimables
faueurs, nous portions nos teſtes, ſacrifions nos
vies, conſacrions nos trauaux, a la tres-heureuſe
memoire du grand HENRY noſtre Roy, noſtre
Pere, noſtre ſouuerain protecteur, & au ſeruice
du filz, & de la mere.

Finissons ce discours sans finir nos regrets, des-
tendre plus long temps nos pensees sur ce point
m'arresteroit la parole. Ce sera, Messieurs, par le
vœu q̃ ie dresse, & enuoye au plus haut des cieux,
vous le conceurez en vostre ame, s'il vous plaist,
sans bouger de vos places, tandis que ma parole,
messagere de vos sainctes affections, portera vostre Ambassade, vers la diuine Maiesté.

Receuez, ô grand Dieu, au lieu du repos eter-
nel, celuy qu'a nostre indicible regret, vostre se-
crette prouidéce a retiré d'icy bas: conseruez nostre petit & grand Roy tres Chrestien, pour heri-
ter, auec le Royaume, les vertus & merites du Pere, faictes plouuoir, vos plus grandes benedictions, sur la personne de la Royne regéte, qu'elle soit vn autre Blanca, & son Fils, vn petit Sainct
Louys: faictes misericorde à tout le Peuple François, moderant vos rigueurs, consolant nos larmes, vnissant nós cœurs: nous vous prions, Seigneur, par l'heureuse memoire du deffunct, par
son zele & ardeur à nostre saincte Foy, par les fi-
deles seruices, qu'il a rendus a vous, & a l'Eglise:
Nous vous coniurons, o grand Dieu, par vous
mesme, de nous interiner vne tres-humble requeste, (ie la dresse en vn mot) *que le dernier*
Roy du monde, soit le dernier des François, & le
dernier de France, soit le dernier du siecle.

F I N.